Für Mamylou und Pépé,
Adèle, Annick, Antoinette, Basile, Bruno und Bruno, Catherine, Cynthia, Éliane, Émilie,
Emma, Etienne, Franck, Guillaume, Hugo, Jean-François, Joseph, Magali, Marc, Marcel,
Marie, Marie-Louise, Marie-Pierre, Mathilde, Maxime, Nathalie, Pierre B, Pierre W,
René, Simon, Véronique und Vincent. Ihr werdet Euch wiedererkennen.

M.-A. B.

Für Renaud, Lionel und Églantine, für meine Familie und alle mir Nahestehenden:
An vergangenen und an kommenden Weihnachten, seid gewiss, dass wir in meinem
Herzen immer vereint sind, egal ob ihr hier oder weit weg seid.

C. H.

© deutsche Ausgabe:
Tandem Verlag GmbH, Birkenstraße 10, D-14469 Potsdam
Gesamtherstellung: Tandem Verlag GmbH
© französische Ausgabe: Mango Jeunesse, Paris
Titel der französischen Ausgabe: Le Noël de Tom
Übersetzung aus dem Französischen: Waltraud Still
Alle Rechte vorbehalten.

ISBN 978-3-8427-0908-9

Tom feiert Weihnachten

Illustrationen von Marie-Aline Bawin
Text von Colette Hellings

tandem.VERLAG
print line

Es ist Weihnachten. Ich bin bei Großmama und Großpapa.
Die ganze Familie kommt zum Fest: Onkel Hans und Tante Luise, mit
Marie, Bruno, Emily … Aber mein Cousin Fritz ist noch nicht da!

Papa ruft mich. Ich soll ihm beim Schmücken des Baums helfen.
Die Kugeln sehen lustig aus. Einige sehen wie ein Haus aus, andere wie Glocken
oder Karotten. „Die Kugeln gab es schon, als ich so klein war wie du", sagt Papa.
Ich antworte: „Ich bin nicht klein!"

Ich höre ein Geräusch ... Vielleicht ist Fritz angekommen?
Ich will losrennen, um nachzuschauen. Aber eine Girlande hat sich um
meinen Fuß gewickelt. Zu dumm, sie klebt doch tatsächlich fest!
Papa kommt und hilft mir.

Verflixt, es ist Tante Rosa. Sie bringt das Gebäck und den Weihnachtskuchen mit.
„Du scheinst dich nicht darüber zu freuen, dass ich da bin?", sagt sie.
„Doch, doch …, aber ich warte auf Fritz."
„Er wird schon kommen, keine Sorge. Komm, und hilf mir lieber!"

5

Ich helfe Tante Rosa und trage die Kuchen in die Küche. Sie riechen lecker.
Ich sage zu ihr: „Du bist die beste Kuchenbäckerin!"
Sie lacht, aber Papa schimpft. „Wo ist mein Sohn abgeblieben?
Wir wollen den Baum schmücken und warten auf dich."
„Ich komm ja schon. Oje, ich muss einfach zu viele Dinge gleichzeitig tun!"

Ines, Marie und Mathilde, die Kleinen, reichen Papa die Kugeln an.
Ich bin schon groß, ich kann sie aufhängen. Onkel Hans macht Feuer im
Kamin. Er legt sehr viel Holz nach. Ich bin etwas beunruhigt: „Wie kommt
denn der Weihnachtsmann durch den Kamin, wenn dort ein Feuer brennt?"

Es wird ganz dunkel draußen. Der Baum ist geschmückt, und
Fritz ist immer noch nicht da. Wir fangen schon mit dem Essen an.
Großmama erklärt uns, wo wir schlafen.
„Die Kinder können in den beiden Schlafzimmern schlafen.
Ines, Marie, Emily und Mathilde in dem einen und Tom …" – „Mit Fritz!"

In dem Moment, wo ich „Fritz" sage, höre ich draußen ein Geräusch.
Das ist Fritz! Ich laufe ihm entgegen.
Hugo und Elisa sind auch da.
Tante Veronika und Onkel Vinzenz laden das Auto aus.

9

Fritz begrüßt mich, aber merkwürdig: Er lacht nicht mehr wie sonst.
Er ist ja auch schon in der Grundschule. Ich bin ein bisschen traurig.
Werden wir so viel Spaß zusammen haben wie früher?
Er nimmt seine Tasche. Großmama sagt:
„Du schläfst mit Tom, Bruno und Simon in dem blauen Zimmer."

Ich begleite ihn ins blaue Zimmer, wo er seine Tasche öffnet.
Seine Kleider liegen unordentlich darin.
Und er hat Kekse mitgebracht, und eine ganz tolle Taschenlampe.
Er hat sich also doch nicht wirklich geändert!

Papa ruft uns, wir sollen runter kommen. Ich sage zu Fritz:
„Weißt du, ich habe Angst, dass der Weihnachtsmann nicht kommen wird!"
„Warum?"
„Weil im Kamin Feuer ist."

Fritz antwortet:
„Da hast du aber recht! Wir müssen Onkel Hans daran hindern,
Holz nachzulegen."
Er hat mich verstanden. Das mag ich so an Fritz.

Wie jedes Jahr erzählt uns Papa Geschichten. Er ahmt zuerst die Stimme
eines kleinen Mädchens nach und dann die eines Bären.
Ich mag es sehr, wenn er den Bären spielt. Währenddessen legt
Onkel Hans ein Stück Holz nach. Fritz hat es nicht gesehen.
Ich stoße ihn mit dem Ellbogen an.
Völlig überrumpelt stößt Fritz Marie an. Wütend sagt sie:
„Du bist gemein! Du hast mich angerempelt!"
Und dann versucht sie, ihn zu stoßen.

Mama schlichtet den Streit und schlägt vor, ein Lied zu singen.
Alle singen … nur ich nicht. Ich bin sehr unruhig, denn das Feuer
brennt stark. Der Weihnachtsmann wird niemals durch den Kamin steigen
können, ohne sich zu verbrennen. Bevor wir ins Bett gehen, stellen wir
einen Sack Karotten für ihn vor den Kamin. Fritz sagt zu mir:
„Wenn man noch mehr Holz auflegt, werden die Karotten gekocht sein!"

In den Zimmern springen wir auf den Betten herum. Das macht riesig Spaß.
Einer von uns macht dabei ein ganz komisches Geräusch.
Wir lachen um die Wette … und sind so laut, dass Papa hochkommt:
„Was ist denn das für ein Krach?
Der Weihnachtsmann wird bei einem solchen Lärm sicher
nicht kommen!"

Wir beruhigen uns, und langsam schlafen alle ein. Plötzlich wache ich auf.
Ich frage Fritz: „Haben sie die Holzscheite weggeräumt?"
Aber Fritz schläft tief und fest. Es ist jetzt ganz ruhig im Haus.
Ich bin mir sicher, dass die Erwachsenen auch schon schlafen.
Wenn ich einfach mal nachschaue?

Leise steige ich Schritt für Schritt die Treppe hinunter und taste mich
in das Wohnzimmer. Uff, das Feuer ist erloschen!
Schnell gehe ich ins Bett zurück.
Ich habe Angst, dem Weihnachtsmann mitten in der Nacht ganz
allein zu begegnen. Mein Herz schlägt wie wild.

Ich kuschele mich unter die Bettdecke. In dem Moment dreht Bruno sich um.
Oje, hoffentlich wacht er nicht auf. Ich wage kaum zu atmen.
Zum Glück schläft er. Keiner hat etwas gesehen oder gehört.
Noch nicht einmal Fritz. Ich schlafe ein.

Es ist immer noch dunkel draußen, aber es ist nicht mehr Nacht. Die Kleinen wachen als Erste auf. Aber wir Großen sind auch schnell auf. Onkel Hans lässt uns in einer Reihe aufstellen, vorne die Kleinen, hinten die Großen.
Es sieht aus wie eine Eisenbahn! Wir gehen runter, um nachzusehen …

21

Oh, ist das herrlich! Überall liegen Geschenke. Wir rufen die Eltern und Großeltern. Jeder bekommt ein Päckchen. Der Weihnachtsmann muss wirklich sehr stark sein, um all das tragen zu können!

Ich habe den Traktor bekommen, den ich mir schon so lange gewünscht habe.
Es war doch gut, dass ich auf das Feuer aufgepasst habe! Ich schaue durchs
Fenster und sehe im Schnee die Schritte des Weihnachtsmanns.
Ich träume wirklich nicht! Fritz muss sie auch sehen.

Großmama ruft uns.
Und alle zusammen rufen wir laut durch den Kamin:
„Vielen Dank, lieber Weihnachtsmann!"